Neues vom Ernst des Lebens

Sabine Jörg wurde in Alsfeld geboren, in Bremen ging sie zur Schule und in Bochum studierte sie. Nachdem sie einige Jahre in der Forschung gearbeitet hatte, kam sie zum Fernsehen. Bald darauf schrieb sie ihr erstes Kinderbuch und stellte fest, dass es viel mehr Spaß macht, sich Geschichten für Kinder auszudenken, als wissenschaftliche Arbeiten zu verfassen. Seitdem hat Sabine Jörg Sachbücher, Drehbücher (z.B. für die Kindersendung „Löwenzahn") und an die 35 Kinder- und Jugendbücher verfasst, Regie geführt und zwei Theaterstücke geschrieben.

Neues vom Ernst des Lebens

Geschichten zum Schulanfang

Eine Geschichte von Sabine Jörg
Mit Bildern von Antje Drescher

Thienemann

Inhalt

Der Tanz auf der Nase

Ernst und Annette gehen in die Schule, in die erste Klasse. So viele Kinder auf einmal! So viel Durcheinander vor dem Unterricht!

Zum Glück weiß Frau Jäger, wer wo sitzt. Frau Jäger weiß auch, welches Heft auf den Tisch muss.

Frau Jäger ist die Lehrerin und meistens nett. Sie singt gerne. Das tun die Kinder auch gerne. Sie lacht gerne. Das machen die Kinder auch sehr gerne. Sie sagt, dass nicht alle auf einmal reden können. Das begreifen die Kinder auch schon gut.

Frau Jäger zeigt, wie man sich meldet. Man hebt den Arm hoch in die Luft und wartet; wartet, bis Frau Jäger einen aufruft.

Das ist gar nicht so leicht. Den Arm heben, geht noch.

Aber das Warten, bis Frau Jäger einen aufruft, das ist schwer. Besonders schwer ist es, wenn man etwas ganz Wichtiges zu sagen hat. Und Annette hat etwas ganz Wichtiges zu sagen!

Frau Jäger fragt, was am Wochenende los war.

Manche Kinder melden sich. Sie wollen erzählen. Manche Kinder melden sich nicht. Sie wollen nicht erzählen.

Doch Annette muss unbedingt loswerden, was geschehen ist. Das sollen alle erfahren, sofort. Die Wörter purzeln aus Annettes Mund heraus. Jetzt sind sie schon draußen. Nur, keiner hört Annette zu.

Und Frau Jäger sagt: „Annette, dich habe ich gar nicht aufgerufen! Lisa ist dran."

Puh, Annette muss warten, bis Lisa alles von ihrem Ausflug erzählt hat. Sie war am Wochenende im Tierpark. Dann kommt Achmed dran. Der erzählt von seinem Onkel, den er besucht hat.

Und Annette? Annette meldet sich immer noch. Ihr Arm ist schon ganz lang vor lauter Melden.

Aber jetzt – jetzt ruft Frau Jäger erst mal Ernst auf. Und was sagt Ernst?

„Frau Jäger, Sie müssen auch Annette drannehmen!"
Ernst weiß nämlich, dass Annette am Wochenende
etwas Schönes erlebt hat …

Frau Jäger lacht. „Na gut." Aber anstatt Annette
reden zu lassen, fängt sie an zu raten: „Annette, du hast
doch nicht etwa Geburtstag gehabt?"

Frau Jäger weiß ganz genau, dass Annette erst im
November Geburtstag hat.

Annette und Ernst rufen gleichzeitig: „Nein!",
„Nein!"

„Bist du etwa beim Baden gewesen?", fragt Frau
Jäger weiter.

„Nein!", rufen Annette und Ernst ungeduldig.

Annette hält es schon fast nicht mehr aus!

Da sagt Frau Jäger endlich: „Na, dann erzähl mal!"

Annette sprudelt los: „Frau Nansen, unsere Nach-
barin ist alt. Weil sie so alt ist, zieht sie ins Altersheim.
Ihre Katze Lilli ist aber noch jung. Sie darf nicht mit
ins Altersheim. Deshalb ist Lilli jetzt meine Katze, sie
gehört mir. Das hat Frau Nansen selbst gesagt. Lilli hat
ihr Körbchen in meinem Zimmer. Bestimmt schnurrt
sie gerade."

Felix freut sich mit Annette und ruft: „Wie süß! Wann kann ich zu dir kommen?"

Max macht: „Miau."

Lisa erzählt: „Ich habe auch eine Katze, die heißt Minka und ist ganz scheu!"

Auf einmal reden und rufen alle durcheinander. Die Kinder machen „miau" und „wau, wau" und „kikeriki" und „oink, oink".

Frau Jäger muss die Kinder erinnern: „Mund zu! Arm heben, wer etwas sagen will!"

Leider versteht man Frau Jäger kaum, weil es so laut ist in der Klasse.

Da wird Frau Jäger ärgerlich. Ziemlich laut ruft sie: „Stopp! Ihr könnt mir doch nicht auf der Nase herumtanzen!"

Sofort ist es ganz mucksmäuschenstill. Alle Kinder schweigen. Manche halten sogar ihre Hände vor den Mund, damit ja kein Wort herauspurzelt.

Nach einem Weilchen meldet sich Ernst, ganz ruhig und brav, mit erhobenem Arm, so wie Frau Jäger das will. Er wird auch gleich drangenommen.

„Frau Jäger", sagt er, „Ihre Nase ist viel zu klein. Auf der können wir doch gar nicht herumtanzen!"

Da müssen alle lachen, sogar Frau Jäger.

Ein Krokodil
hat keine Eselsohren

Heute sind alle Kinder aufgeregt. Sogar Frau Jäger geht schneller als sonst auf und ab. Die Klasse bekommt nämlich Besuch, Besuch von einem Puppenspieler.

Frau Jäger hat gesagt, dass er seine Puppen sprechen lässt. Er heißt Popow und er bringt eine richtige Theaterbühne mit. Die stellt er auf das Pult. Dahinter verschwindet er. Es klappert und raschelt. Von Herrn Popow ist nichts mehr zu sehen. Dann hört man auch nichts mehr von ihm.

Aber plötzlich geht der Vorhang auf; ein Krokodil schleicht über die Bühne, ein großes, grünes Krokodil. Seine Augen leuchten.

Die Kinder rufen „ooh" und „aah". Dann wird es wieder leise in der Klasse.

Denn das Krokodil reißt sein Maul weit auf. „Hunger hab ich, riesigen Hunger, einen richtigen Krokodilshunger hab ich! Kinder, habt ihr nicht was zu fressen für mich?"

Ernst sucht schon nach seinem Pausenbrot.

Aber das Krokodil schüttelt den grünen Kopf. „Nein, Brot will ich nicht. Die Prinzessin will ich. Ein zarter Bissen, ein guter Happen! Mir läuft das Wasser im Mund zusammen, wenn ich an sie denke. Hmm, die Prinzessin, die würde mir jetzt schmecken. Warum nur ist sie immer so vorsichtig und läuft vor mir weg?"

Während das Krokodil von seiner Lieblingsspeise träumt, geht direkt hinter ihm die schöne Prinzessin auf und ab. Ihren hübschen Kopf hat sie nach unten geneigt. Sie sammelt Kieselsteine.

Annette und Ernst und alle anderen Kinder sind jetzt ganz still. Auf keinen Fall darf das Krokodil bemerken, dass die süße Prinzessin direkt hinter ihm steht. Aber woran denkt die Prinzessin nur? Sieht sie das große grüne Krokodil denn gar nicht?

Nun beginnt sie auch noch zu singen: „Wenn ich ein Vöglein wär …"

Sofort fährt das Krokodil herum. Es hat sehr gute Ohren. Aber schnappt es die süße Prinzessin?

Nein, natürlich nicht. Denn die Prinzessin ist nicht nur schön, sondern auch klug. Blitzschnell wirft sie dem Krokodil ihr altes Holzspielzeug ins Maul. Beim zweiten Angriff wirft sie Zahnpasta und Zahnbürste hinterher und beim dritten alle Kieselsteine, die sie gerade gesammelt hat.

Das Krokodil fängt an zu rülpsen und zu würgen und die allerliebste Prinzessin läuft leichtfüßig davon.

Die Kinder lachen. Sie sind froh, dass die Prinzessin sich vor dem Krokodil retten konnte.

Es gibt noch zwei andere Geschichten mit der Prinzessin und dem Krokodil. Die Kinder sind gespannt und staunen.

Dann kommt Herr Popow wieder hinter seiner Bühne hervor. Er verbeugt sich. Alle klatschen lange und laut. Das ist der Dank dafür, dass Herr Popow so schöne Geschichten vorgeführt hat.

Als Herr Popow gegangen ist, sagt Frau Jäger: „Kinder, holt eure Zeichenhefte heraus! Jetzt zeichnen wir, was wir gerade gesehen haben; eine Geschichte von der klugen Prinzessin und dem hungrigen Krokodil."

Das tun die Kinder nun. Gut, dass Annette und Ernst nebeneinandersitzen. Annette gelingt ein schönes Bild, ein lustiges Bild. Sie füllt das ganze Blatt aus. Ernst aber zeichnet nicht gerne. Immerhin, er kann abzeichnen. Er zeichnet das nach, was Annette auf ihr Blatt gemalt hat. Und trotzdem sieht es nach Ernst aus. Das erkennt man gleich.

Frau Jäger kommt zu jedem Kind. Sie sieht sich alle Bilder an. Manchmal schmunzelt sie. Hin und wieder runzelt sie die Stirn. Jetzt steht sie neben Annette.

„Das Krokodil ist dir gelungen. Aber was sind denn das für Eselsohren? Das sehe ich gar nicht gerne. Mach mal die Eselsohren weg!"

Annette ist ziemlich erstaunt. Welche Eselsohren sieht Frau Jäger denn auf ihrem Blatt?

„Mein Krokodil hat doch gar keine Eselsohren!", entgegnet sie. „Ich weiß doch, dass der Esel Eselsohren hat und nicht das Krokodil!"

Frau Jäger hört Annettes Protest nicht mehr. Sie ist schon wieder vorne am Pult.

Da nimmt Annette noch einmal den Stift in die Hand. Und was macht sie jetzt? Sie lässt dem Krokodil ein Paar auffällige, große Eselsohren aus dem Kopf wachsen. Nun hätte Frau Jäger wirklich Grund, sich über die Eselsohren zu wundern. Aber sie sieht das gar nicht.

„Lustig!", lacht Ernst. Er streicht Annettes Seite glatt und biegt die verknickten Ecken gerade.

Nun hat das Heft keine Eselsohren mehr. Aber das Krokodil im Heft, das hat die großen Ohren vom Esel. Und das sieht wirklich komisch aus.

Wo sitzt der Frosch?

Heute ist Wandertag. Die Kinder gehen gar nicht erst ins Klassenzimmer. Frau Jäger und Frau Blank und die ganze Klasse treffen sich im Schulhof.

Jedes Kind hat einen kleinen Rucksack auf dem Rücken. Für die Wanderung braucht man etwas zum Trinken und etwas zum Essen. Jedes Kind hat feste und bequeme Schuhe an, ein Hütchen gegen die Sonne und eine Jacke gegen den Wind dabei.

Ernst und Annette freuen sich. Denn heute besuchen sie den Spielplatz am Waldrand. Da ist auch ein Gehege mit Rehen und Hirschen. Da gibt es einen Froschteich. Da stehen Holzhäuser zum Klettern und Verstecken, zum Rutschen und Herumtoben, ein richtiger Abenteuerspielplatz ist das.

Die Kinder stellen sich auf, immer zwei nebeneinander, damit keines verloren geht. Frau Jäger zählt durch. Alle sind da. Es kann losgehen.

Der Weg zum Spielplatz ist ganz schön lang. Langweilig ist es auch, so brav nebeneinander zu gehen.

Schon nach zehn Schritten fragt Stefan: „Wann sind wir endlich da?"

Nach zehn Minuten sind Moritz und Mia erschöpft. „Ich kann nicht mehr!", „Ich hab Durst".

Und nach einer Viertelstunde jammert Robin: „Mein Schuh drückt!"

Frau Jäger schafft es, alle Kinder bis
zum Waldrand zu lotsen. Da kommen auch schon
die Rehe und Hirsche angelaufen. Neugierig schauen
sie, wer sie so früh besucht.

Die Kinder lassen ihre Rucksäcke ins Gras plumpsen,
sie selbst plumpsen hinterher und beginnen zu essen
und zu trinken. Das tut gut!

Dann gehen sie noch bei dem kleinen Froschweiher vorbei. Sie beugen sich über den Teichrand und finden keine Frösche.

Endlich sind sie am Spielplatz. Jetzt ist alle Müdigkeit vergessen. Die ganze Klasse turnt und tobt herum und spielt und hat Spaß.

Achmed und Anton bauen ein Zelt aus Zweigen. Lisa und Mia klettern in einen Baum. Stefan hängt wie Tarzan am Seil und schwingt hin und her. Annette und Ernst stürmen ins Holzhaus und winken aus den Fenstern heraus.

Der Spielplatz ist groß und schön. Da gibt es so viel zu entdecken, dass die Zeit viel zu schnell vergeht.

Frau Jäger klatscht in die Hände. „Kinder, alles zusammenpacken!"

Die Kinder protestieren: „Nein, noch nicht!"

Robin stampft mit dem Fuß auf.

Mia ruft: „Wir haben doch gerade erst angefangen zu spielen!"

Aber die Kinder wissen: Wenn Frau Jäger etwas sagt, dann meint sie es auch so.

Wieder klatscht sie in die Hände, geht herum und wiederholt: „Schluss jetzt! Zusammenpacken!"

„Schade!", sagt Annette.

Ernst hat eine Idee: „Da gehen wir mal alleine hin. Vielleicht nimmt Bettina uns mit!"

Bettina ist Annettes große Schwester. Meistens hat sie keine Lust, Annette irgendwohin mitzunehmen. Aber das sagt Annette jetzt nicht. Sie schultert ihren Rucksack und gibt Ernst seine Trinkflasche zurück.

Nun ruft Frau Jäger wieder: „Kinder, jetzt wird nicht herumgetrödelt! Hopp, hopp!"

Einige sind schon vorne beim Wildgehege und rupfen Gras für die Rehe. Andere stehen noch am Frosch-weiher und fischen mit Stöckchen im Wasser herum.

Frau Jäger geht forsch voran. Sie ruft und winkt die Kinder herbei. Frau Blank steht am Ende der Gruppe und treibt die Nachzügler an.

Der Rückweg ist viel länger als der Hinweg. Jedenfalls scheint es so. Immer wieder muss Frau Jäger rufen und mahnen. Sie ist schon ganz heiser.

Und dann fällt Anton auch noch hin. Er weint, sein Knie blutet.

Frau Jäger holt die Pflaster aus ihrem Rucksack. Sie sprüht die Wunde mit Wundspray ein. Sie klebt ein großes Pflaster auf das Knie und beruhigt Anton.

„Wird schon wieder!" Sie sieht jetzt ziemlich müde

aus. „Kinder", sagt sie, „seid bitte leise und benehmt euch ordentlich! Ich habe einen Frosch im Hals und ich will pünktlich wieder in der Schule sein!"

Die Kinder benehmen sich leise und ordentlich.

Annette sieht Frau Jäger ungläubig an. Sie flüstert Ernst ins Ohr: „Glaubst du, sie hat wirklich einen Frosch gegessen?"

Ernst antwortet sacht: „Und wenn der im Hals steckt, dann müsste ihr Hals doch eine dicke Froschbeule haben …"

Endlich sind alle bei der Schule angekommen.

Als sie sich verabschieden, werfen Annette und Ernst einen genauen Blick auf Frau Jägers Hals. Er sieht aus wie immer. Sie können beim allerbesten Willen nichts Auffälliges entdecken.

Der Grünschnabel und ein Pechvogel

Frau Jäger ist krank. Herr Spieß kommt in die Klasse und erklärt, dass er heute unterrichtet. Er ist ganz anders als Frau Jäger. Er sieht auch anders aus: klein und dick, auf seinem Kopf gibt es nur wenige Haare. Das Gesicht leuchtet rot. Die Kinder müssen sich erst an Herrn Spieß gewöhnen.

Vielleicht ist er nicht ganz so nett wie Frau Jäger. Vielleicht hat er gerade Kopfschmerzen oder schlechte Laune.

Jedenfalls herrscht Herr Spieß die Kinder an: „Bei mir herrscht Ordnung und Ruhe!"

Er holt Hefte aus der Tasche und liest.

Die Kinder beobachten Herrn Spieß und warten, was er will. Alle sitzen ordentlich und ruhig da.

Herr Spieß sieht auf. In die Stille hinein murrt er: „Was sitzt ihr so stumm herum? Schlagt eure Fibel auf, Seite 101, und schreibt die Geschichte ab!"

Vielleicht hat Herr Spieß eine andere Fibel als die Klasse 1a. Vielleicht weiß er nicht, was Kinder in der ersten Klasse lernen. Er unterrichtet ja nur die Großen. Jedenfalls hat die Fibel der Klasse 1a gar nicht so viele Seiten.

Herr Spieß begreift, dass er sich irgendwie mit den Kindern beschäftigen muss. Also schlägt er die Aufsatzhefte zu und fängt an zu reden. Er redet und redet.

Er kommt auf Bäume und Sträucher zu sprechen, auf Farne und Fische. Schließlich hält er einen Vortrag von der Erde. Er spricht von Kambrium und Tertiär, von Flora und Fauna. Er spricht über Dinge, von denen die Klasse noch nie gehört hat. Und er spricht so, dass es keiner versteht.

Den Kindern wird es langsam langweilig. Lisa malt sich eine Blume aufs Knie. Moritz faltet einen Papierflieger. Und Ernst beginnt, seine Stifte ins Heft zu spitzen.

Das bemerkt Herr Spieß sofort. „Lass das, du Schmutzfink!", schimpft er.

Nun ist es so, dass Ernst sich zufällig auskennt. Gerade mit Vögeln kennt er sich gut aus. Er weiß, dass es Grünfinken gibt. Die haben grüne Federn. Er kennt Buchfinken und Bergfinken. Von einem Schmutzfink hat er noch nichts gehört.

Ernst meldet sich.

„Wie sieht ein Schmutzfink denn aus?"

Der rote Kopf von Herrn Spieß wird noch roter, als er lospoltert: „So wie du, du Grünschnabel!"

Ernst ist verwirrt. Erstens ist er ein Mensch und kein Vogel. Außerdem glaubt er nicht, dass sich ein Schmutzfink in zwei Minuten in einen Grünschnabel verwandeln kann. So etwas geht nicht. Das gibt es in der Natur nicht. Da braucht er seinen Vater gar nicht erst zu fragen.

Ernst beschließt, Herrn Spieß überhaupt nichts mehr zu glauben, auch wenn der noch so lange Vorträge hält.

Das Pausenzeichen ist noch nicht erklungen, da packt Herr Spieß unverhofft seine Sachen zusammen, nimmt die Tasche unter den Arm und erklärt: „So, raus mit euch, auf den Schulhof!"

Die Kinder springen auf. Herr Spieß eilt voran, in Richtung Klassentür. Auf dem Boden liegt Minas Turnbeutel. Den hat Herr Spieß übersehen. Er verheddert sich in den Schlaufen und gerät ins Stolpern. Vornübergebeugt kann er sich gerade noch fangen und an der Türklinke festhalten.

Das sieht ziemlich komisch aus.

Die Kinder müssen lachen.

Und Annette ruft dem Lehrer hinterher:

„Sie Pechvogel!"

Das hört Herr Spieß nicht mehr. Er ist schon auf dem

Flur und hastet in Richtung Lehrerzimmer.

Wer ist hier der Hase?

Frau Jäger ist wieder gesund. Ein Glück! Heute macht sie mit den Kindern Sport.

In der Turnhalle liegen weiche Matten auf dem Boden. Frau Jäger zeigt, wie ein Purzelbaum geht. Sie hilft jedem Kind, über die Matte zu rollen.

Damit die anderen nicht so lange herumstehen und warten müssen, dürfen sie an die Kletterstangen. Die sind an der Wand angebracht. Da kann man hinaufklettern und dann herunterrutschen.

Das Herunterrutschen geht sicher ganz leicht. Aber wie klettert man da hinauf?

Alex und Maxi sind schon oben. Quietschend sausen sie herunter und lachen. Denn Annette steht unten und kommt nicht vom Fleck. Sie springt hoch, hält sich an

der Stange fest. Dann plumpst sie wieder auf den Boden.
Sich so affenartig hochzuhangeln wie Maxi, das gelingt
ihr einfach nicht, obwohl sie es immer wieder versucht.

Alex lacht Annette aus. „Angsthase, Angsthase!"

Annette ist überhaupt kein Angsthase. Sie schafft es nur einfach nicht.

Da stellt sich Ernst vor Annette. „Alex, gleich merkst du, wer wirklich ein Angsthase ist!"

Alex macht: „Ha, ha, ha!"

Aber etwas später erfährt er tatsächlich, wer in der Klasse der Angsthase ist …

Nach der Turnstunde laufen die Kinder in die Umkleidekabinen und ziehen sich um. Die Turnsachen kommen in den Turnbeutel zurück, die Pullis, Hosen, Röcke und Strümpfe müssen wieder angezogen werden.

Endlich hat auch der Letzte seine Schuhe gefunden und zugemacht. Zusammen gehen sie in das Klassenzimmer.

Da wartet Ernsts Mama. Sie hat einen großen Käfig mitgebracht. Und wer sitzt in diesem Käfig? Ernsts Liebling, der heißt Racker.

Die Kinder dürfen nämlich manchmal ein Haustier mit in die Schule bringen. Frau Jäger bespricht das am Elternabend mit den Eltern. Dann macht sie einen Plan.

HAUSTIER-

1 Bruno: Maus Lütti

2 Annette: Katze Lilli

3 Anton: Dackel Erich

4 Maxi: Meerschweinchen Wachtmeister

5 Alex: Wellensittich Gigi

6 Jussi: Schildkröte Pekka

Annette hat schon ihre Katze Lilli dabeigehabt. Anton hat seinen Dackel Erich vorgestellt. Und Susi durfte sogar das Huhn Henriette mitbringen. Nur ein Pferd, das war noch nicht zu Besuch in der Klasse.

Immer nur ein Tier kann mit in die Schule. Die Kinder erzählen dann, was ihr Liebling am liebsten frisst, wie

38

STUNDE

alt er ist, was sie schon mit ihm erlebt haben. Frau Jäger erzählt dann, wie die Tiere in der Freiheit leben, wer ihre Feinde sind und mit wem sie sich gut vertragen.

Gestern hat Frau Jäger den Kindern versprochen, dass sie heute Ernsts Stallhasen erleben werden. Nun hat Ernsts Mama also Racker mitgebracht.

Aber was ist denn das für ein Tier? Das ist kein kleiner süßer Puschelhase. Das ist kein bibberndes Zwergkaninchen. Das ist ein ziemlich großer grauer Rammler. So heißen erwachsene Hasen und Kaninchen.

Gleich darf Racker heraus aus seinem Käfig. Racker hat die Ohren angelegt. Aber Ernst weiß, wie man mit ihm umgeht. Behutsam streicht er ihm über das Fell und setzt ihn auf den Boden. Schon hoppelt Racker los, beschnuppert die Schultaschen, läuft über Lisas Füße, knabbert an Robins Apfel.

Jetzt können die Kinder Racker mal halten. Racker ist ganz schön schwer.

Ernst versucht, seinen Liebling Alex in den Arm zu legen. Aber Alex macht drei Schritte rückwärts, ruft „huch!" und verschränkt seine Arme. Er traut sich nicht.

Alle lachen, besonders auch Ernst. Zufrieden bemerkt er: „Angsthase! Alex ist ein Angsthase!"

Alex versteckt sich in der hintersten Reihe. Er wird Annette bestimmt nie wieder „Angsthase" nennen.

Ein dickes Fell

In der Pause ist der Schulhof voll, voll von Schülern aus allen Klassen. Da ist es laut. Die Kinder rufen und schreien, laufen um die Wette, springen hoch, hüpfen über Seile, spielen Verstecken.

Manchmal wird auch geschubst und gerangelt, sogar getreten und gespuckt. Damit das nicht geschieht, gibt es die Pausenaufsicht. Immer zwei Lehrer verbringen ihre Pause auf dem Schulhof. Sie essen ihren Apfel und trinken ihren Saft. Sie gehen auf und ab. Sie passen auf, dass nichts passiert.

Meistens sind es Kinder aus den höheren Klassen, die Ärger machen. Auch sie waren mal Erstklässler. Jetzt sind sie größer und stärker. Manche fühlen sich schon ganz groß und sehr stark.

Einigen macht es richtig Spaß, den Kleinen wehzutun. Das ist gemein. Unfair ist es auch, wenn man selbst doch schon viel größer ist. Aber manche von den Großen tun es trotzdem. Unauffällig stellen sie den Kleinen ein Bein. Oder sie reißen ihnen die Mütze weg und werfen sie in eine Pfütze. Meistens sind sie so geschickt, dass die Lehrer das nicht sehen.

Heute hat Frau Jäger Pausenaufsicht. Zusammen mit Herrn Ritter steht sie auf der Treppe und beobachtet, wie die Kinder spielen und herumtollen. Von der Treppe aus hat man einen guten Überblick.

Darum sieht Frau Jäger auch, dass Leon aus der dritten Klasse Annette den Schal herunterreißt und

damit wegläuft. Sie beobachtet, wie Leon Ernst einen Schubs gibt. Aber sie sagt noch nichts.

Erst als Leon Annettes Schal über den Zaun schleudert, greift sie ein und spricht Leon an:

„Was machst du da?"

Leon ist auch noch frech und lügt. „Der Schal war mir zu warm, ich brauche ihn nicht mehr."

„So, so", antwortet Frau Jäger. „Wem gehört der Schal denn?"

„Mir", antwortet Leon.

Er senkt den Kopf, er kann Frau Jäger jetzt nicht in die Augen sehen. Denn er ahnt, dass sie die Wahrheit kennt.

Während Ernst versucht, den Schal unter dem Zaun hindurch zurückzuziehen, sagt Frau Jäger: „Leon, du ärgerst die Kinder aus der ersten Klasse. Das ist nicht lustig. Komm nach der Pause in das Lehrerzimmer. Wir werden darüber reden."

Während Leon davonschleicht, legt Frau Jäger ihren Arm auf Annettes Schulter. „In der Schule braucht man manchmal ein dickes Fell!"

Sie lächelt Annette aufmunternd an.

Am nächsten Tag freut Annette sich auf die Pause. Sie hat nämlich etwas mit in die Schule gebracht. Und das zieht sie sich zur Pause über. Sie hat es von ihrer Oma. Bei der Oma liegt es sonst vor dem Bett. Wenn Annette es anhat, sieht das wirklich sehr komisch aus.

Was das ist? Ein dickes Fell natürlich.

Die Kinder staunen und fragen: „Darf ich das mal anfassen? Ist das von einem Bären? Woher hast du das?"

Mit dem Fell wirkt Annette viel größer und stärker. Sie lacht, sie fühlt sich richtig wohl in dem dicken Fell.

Leon steht am Rand und sagt nichts. Frau Jäger hat ihm aufgetragen, er soll sich bei Annette entschuldigen. Ob er sich wohl traut?

Zwei Drachenaugen und
ein Zebrastreifen

Die Schule ist aus.

Wie jeden Tag sagt Frau Jäger: „Kinder, denkt an den Zebrastreifen!"

Mit dem Zebrastreifen meint sie den Fußgängerweg über die Straße. Auf dem Straßenbelag sind sieben dicke weiße Rechtecke gemalt.

Hier haben die Fußgänger Vorfahrt. Autos müssen warten, bis die Kinder über die Straße gegangen sind. Aber so richtig verlassen kann man sich auf Autofahrer nicht. Manche rasen trotzdem weiter.

Darum strecken Annette und Ernst die Arme vor, damit die Autofahrer sehen: Da wollen zwei Kinder über die Straße. Und dann gehen die beiden über den Zebrastreifen und wundern sich.

Weder Annette noch Ernst haben je ein Zebra über die Straße trappeln sehen. Es gibt hier gar keine Zebras. Die leben in Afrika, das weiß doch jeder.

Die dicken weißen Striche auf der Straße stammen bestimmt nicht von einem Zebra. Ein Zebra hat ganz viele Streifen. Und die sind dünn und auch geschwungen. Über einen einzigen Zebrastreifen müsste man ja balancieren.

Welche Namen Erwachsene sich so ausdenken! Ob die überhaupt merken, was sie da sagen?

Annette und Ernst sehen sich an und nicken mit den Köpfen. Auch sie sind nämlich Sprachkünstler.

Schon bald auf dem Nachhauseweg begegnen sie einem Drachen. Ja, wirklich! Annette und Ernst kennen ihn längst. Er steht immer da. Er hat zwei Augen, ein rotes und ein grünes.

Mal leuchtet das rote, mal das grüne. Wenn das grüne Auge leuchtet, darf man zu dem Drachen hinüberlaufen auf die andere Straßenseite. Dann ist er ein gutmütiger Drache. Wenn das rote Auge leuchtet, dann überlegt sich der Drache, ob er fauchen will. Dann muss man vorsichtig sein, stehen bleiben und warten.

Nun gut, ein Drache hat seine Augen rechts und links am Kopf und nicht übereinander wie die Ampel. Wahrscheinlich hat ein Drache nicht mal ein rotes und ein grünes Auge, das abwechselnd aufleuchtet.

Aber ein Drache hat ganz sicher mehr Ähnlichkeit mit der Ampel als ein Zebra mit dem Zebrastreifen. Da sind sich Annette und Ernst einig.

Die beiden beschließen, ihrer Lehrerin ein Rätsel aufzugeben: „Frau Jäger, denken Sie auch an die Drachenaugen?"

Ob Frau Jäger darauf wohl eine Antwort weiß?

Und was sagt Frau Jäger, als Annette und Ernst ihr am nächsten Morgen die Frage stellen?

Gar nichts, sie versteht gar nichts. Aber sie muss trotzdem herzhaft lachen.

Weitere Titel von Sabine Jörg:
Der Ernst des Lebens
Der Ernst des Lebens: Den Schulweg gehen wir gemeinsam

Jörg, Sabine:
Neues vom Ernst des Lebens
ISBN 978 3 522 18453 3

Gesamtausstattung: Antje Drescher
Einbandtypografie: Doris Grüniger
Innentypografie: Tanja Haaf
Reproduktion: HKS-Artmedia GmbH,
Leinfelden-Echterdingen
Druck und Bindung: Livonia Print, Riga

www.thienemann.de